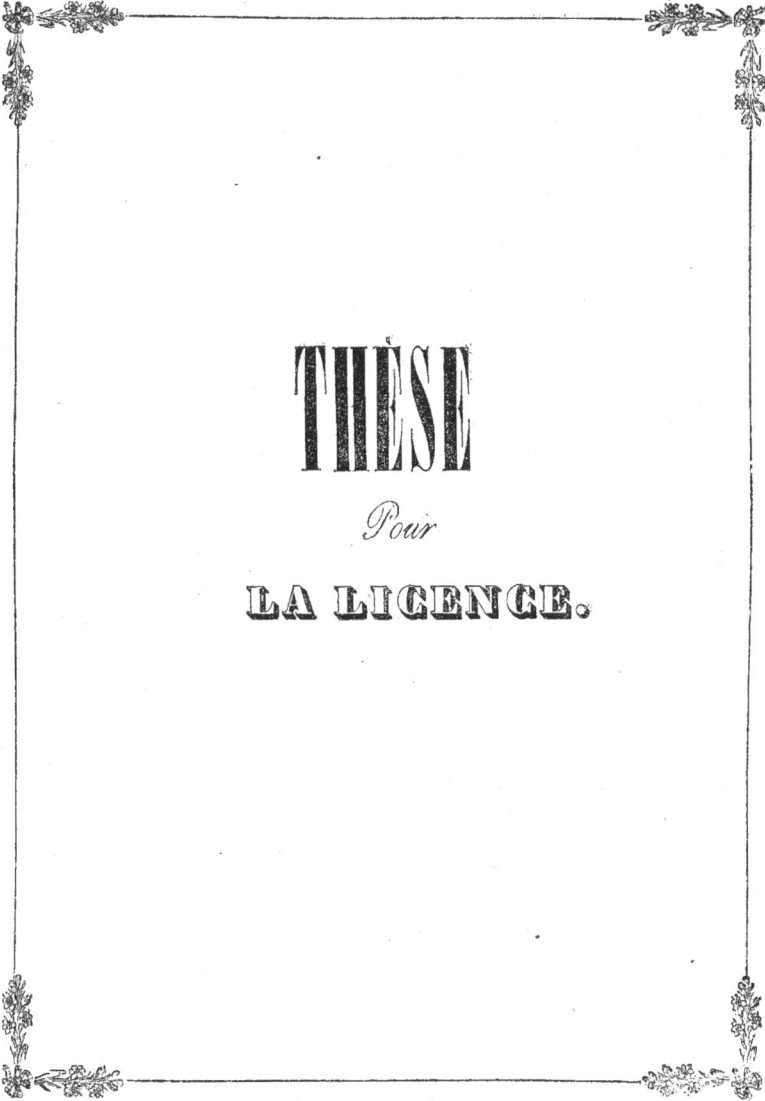

THÈSE

Pour

LA LICENCE.

A mon père, à ma mère,

HOMMAGE RESPECTUEUX D'AMOUR ET DE RECONNAISSANCE.

A mes Tantes,

AFFECTION SINCÈRE.

A mes frères et sœurs,

AMITIÉ INALTÉRABLE.

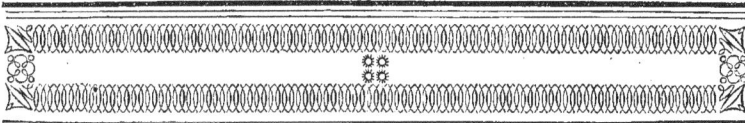

FACULTÉ DE DROIT DE TOULOUSE.

ACTE PUBLIC

POUR LA LICENCE,

En exécution de l'article 4, de la loi du 22 ventôse, an 12.

SOUTENU PAR

M. CAHUSAC, (FRANÇOIS XAVIER.)

NÉ A CADALEN, (département du Tarn.)

JUS ROMANUM.

Liber I. Tit. XIII -- XIV.

De Tutelis et de Testamentariá tutelá.

Tutela est vis ac potestas in capite libero, ad tuendum eum qui propter ætatem se defendere nequit, jure civili data ac permissa.

Triplex autem est tutela; testamentaria, legitima, dativa.

Sic vocatur testamentaria, quia testamento defertur; liberis impuberibus, id est quatuordecim annis minoribus, tutores à parentibus dari possunt, dùm post eorum mortem, in alteriùs potestatem non sint recasuri : erat que éadem potestas ergà omnes liberos masculini vel feminini sexûs, primi vel alii gradûs, atque etiam ergà posthumos, si modò in eà sint, ut si vivis parentibus nascerentur sui hœredes et in eorum fierent potestate, quia nundum quidem in potetate verè sint, jam tamen pro nati habentur.

Si pater filio tutorem dederit emancipato, confirmanda esset ista nominatio à magistratu, sine ullà inquisitione.

Testamentarii tutores esse possunt qui testamenti factionem habent passivam; ergò, et patribus familiàs et filiis familàs dari potest tùtela testamentaria; indè peregrini tutores esse non possunt : servus autem tutor testamento dari potest, tùm proprius tùm alienus: si proprio datur tutela, libertatem a testatore tacitè accepisse censetur ; si alieno, videtur inesse conditio hæc, *Cùm liber erit.*

Furiosus vel minor viginti quinque annis tutor testamento datus, tutelam gerit, alter cùm compos mentis factus est, alter verò major.

Generaliter tutor testamento eligitur ; in codicillis autem testamento confirmatis , eàdem elegi potest.

Tutor nec rei certæ, nec causæ dari potest, quia personæ datur principaliter et secundariò rebus; patitur autem tutelæ istæ natura, ut tutorem daret pater ex certo tempore, vel ad certum tempus.

CODE CIVIL.

LIVRE 111. TITRE 3 -- DES CONTRATS, (1101-1167.)
CHAPITRE 1er *Dispositions préliminaires.*

L'article 1101 définit le contrat, une convention par laquelle une ou plusieurs personnes s'obligent envers une ou plusieurs autres à donner, à faire ou à ne pas faire quelque chose.

On distingue plusieurs sortes de contrats ; 1.º les contrats unilatéraux, 2.º les contrats synallagmatiques ou bilateraux, 3.º les contrats commutatifs, 4.º les contrats aléatoires, 5.º les contrats de bienfaisance, 6.º et les contrats à titre onereux.

Les articles qui composent ce premier chapitre, défiinissent d'une manière précise chacun de ces contrats ; toutefois ces définitions pourraient donner lieu à de graves discussions dans la pratique, si le législateur n'avait eu la sagesse de soumettre tous les contrats en général, à des régles fixes et invariables des quelles on ne peut s'écarter, et qu'il a tracées dans le titre qui nous occupe.

Chapitre II.

Des conditions essentielles pour la validité des conventions.

Après ces notions générales, le code passe aux conditions essentielles pour la validité d'une convention ; elles sont énumerées dans l'art.1108 : savoir, 1.º le consentement des parties, 2.º la capacité de contracter, 3.º un objet certain que forme la matière de l'engagement, 4.º et une cause licite.

Les quatre sections qui suivent renferment les dispositions qui conviennent à chacune de ces conditions, nous allons vous les faire connaître dans l'ordre indiqué par le code.

Section 1.ʳᵉ *Du consentement.*

Pour que le consentement soit parfait, il faut qu'il soit libre ; et bien qu'il ait été matcriellement exprimé, s'il a été donné par erreur, extorqué par violence, ou surpris par dol, la convention pourra étre annullée ou rescindée selon la nature du contrat, (art. 1109, 1117) ; néanmoins comme l'observe l'article 1110, l'erreur pour vicier la convention doit tomber sur la substance de la chose qui en est l'objet.

La violence ne vicie le consentement que lorsqu'elle a été

éxercée contre celui qui a contracté l'obligation, contre son époux ou son épouse, ses descendans et ses ascendans, peu importe qu'elle ait été exercée par l'autre partie contractante ou un tiers.

Le contrat ne peut plus être attaqué pour cause de violence, si depuis qui elle a cessé, celui envers qui elle avait été exercée, a approuvé d'une manière expresse ou tacite ce contrat, ou s'il s'est écoulé un délai de dix ans.

Si l'erreur, comme nous l'avons déjà vû, annulle la convention, le dol doit à plus forte raison être mis au nombre des causes de nullité et de rescision, puisqu'il suppose une erreur de la part d'un contractant, provoquée par des manœuvres frauduleuses de la part de l'autre.

Il est bon de remarquer que les conventions contractées par un consentement entaché de l'un de ces vices, ne sont pas nulles de plein droit, elles donnent seulement lieu à un action en nullité ou rescision, et c'est aux tribunaux à prononcer l'une ou l'autre selon la nature des contrats.

L'art. 1119, dispose qu'on ne peut en général s'engager ni stipuler en son propre nom que pour soi-même : ce principe entierement conforme à la nature du contrat, reçoit quelques modifications consignées dans les deux articles suivants.

Les héritiers et ayant cause étant la continuation de la personne du défunt, il est de toute justice qu'ils assument sur leur tète toutes les obligations contractées par leurs auteurs, à moins que le contraire ne soit exprimé, on ne résulte de la nature même de la convention.

SECTION 2. -- *De la capacité.*

Le législateur, toujours vigilant à protéger ceux qui, par la faiblesse de leur àge ou de leur nature, auraient pu souvent être entraînés à donner un consentement contraire à leurs intérèts , faisant exception au principe général que tout le monde peut contracter , a frappé d'incapacité certaines personnes désignées dans l'art. 1124. Ce sont les mineurs , les interdits et les femmes mariées; ainsi une de ces personnes qui aurait contracté, pourrait elle-même demander la nullité de ses engagements ; toutefois cette nullité ne doit être nécessairement prononcée que dans les cas prévus par la loi.

Par une conséquence toute simple du motif qui a déterminé le législateur à poser les régles que nous venons de tracer, les personnes capables de s'engager qui ont contracté avec des incapables, sont toujours irrecevables à opposer l'incapacité de ces derniers, et ne peuvent dans aucun cas faire annuler leurs engagements , quelque lésion qu'ils aient éprouvée.

Section 3. -- *De l'objet.*

Les contrats étant des moyens d'acquérir , toutes les choses qui sont dans le commerce peuvent être l'objet et la matière des conventions ; les faits de l'homme peuvent être aussi la matière des contrats , de même que le simple usage ou la simple possession d'une chose ; mais pour que l'obligation reçoive son effet, il est nécessaire que l'objet soit au moins déterminé quant à son espèce : sans cela , il serait trop facile au débiteur de man_quer à son engagement et de tronquer l'objet véritable de la convention.

Les choses futures, dit l'art. 1130 , peuvent être aussi l'objet d'une obligation ; ainsi , je puis vendre le vin que je recueillerai l'année prochaine, le poisson qui se trouvera dans mon filet.

Mais cette régle reçoit une exception fondée sur la morale et l'honnêteté publique ; elle est consignée dans le deuxième alinéa de l'art. 1130 , qui dispose qu'on ne peut renoncer à une succession non ouverte, ni faire aucune stipulation sur une pareille succession.

Section 4. *De la cause.*

La cause d'une obligation est le motif qui détermine la partie qui s'oblige, à former un engagement; or, toute obligation qui n'aurait pas de cause, ou qui reposerait sur une fausse cause, serait susceptible de nullité. Il est, en effet, difficile de concevoir qu'une personne ait réellemeut voulu s'engager sans aucune espèce de motif. Mais est-il toujours nécessaire que la cause soit exprimée? non, et cela résulte des dispositions expresses de l'art 1132.

Une cause licite, c'est à dire contraire à la loi et aux bonnes mœurs, ne saurait non plus assurer la validité d'une convention; la loi établie pour le maintien de l'ordre et de la morale, ne devait pas permettre que de simples particuliers s'arrogeassent par leurs conventions, des droits entierement opposés à son but et propres à renverser tous le bien qu'elle s'était proposée.

Chapitre 111.
De l'effet des obligations.
Section 1.re *Dispositions générales.*

Le principal effet des conventions est de tenir lieu de loi à ceux qui les ont faites. Par consequent chaque contractant a le droit de forcer l'autre à remplir ses engagements, et cette obligation mutuelle reçoit de la convention, la même force que la loi pourrait lui imprimer elle même; avec cette difference néanmoins, que le consentement des parties ayant suffi pour donner naissance à l'obligation, ce même consentement suffit pour la révoquer.

Les conventions doivent en outre être toujours éxécutées de bonne foi, et si le contrat qui les renferme ne les exprime qu'incompletement, les parties n'en sont pas moins astreintes à toutes les suites que l'usage, la loi et l'équité lui donnent d'après sa nature.

Section 2.ᵉ *De l'obligation de donner.*

Celui qui a contracté l'obligation de donner une chose, est tenu de la livrer et de la conserver jusqu'au moment de la livraison; cette consequence qui provient de la nature même du contrat, donne lieu à une obligation qui est parfaite par le seul consentement des parties et sans qu'il soit besoin de tradition : ainsi, si la chose périt avant que le vendeur s'en soit déssaisi, c'est au préjudice du créancier, à moins que le débiteur ne soit en demeure de la livrer, ce qui se fait au moyen d'une sommation, ou autre acte équivalent, ou par clause expresse du contrat; dans ce dern ier cas, la chose reste aux risques du débiteur (art. 1138.)

Section 3.ᵉ *De l'obligation de faire où de ne pas faire.*

Toutes les obligations de ce genre se reduisent en dommages et intérèts, faute d'inéxécution; c'est la consequence du principe du doit romain, *nemo potest præcisè cogi ad factum.*

Il est néanmoins des cas où cette ré gle fléchit; ainsi on peut faire ordonner la destruction de ce qui aurait été fait en contravention d'une convention, et le créancier lui même peut faire exécuter l'obligation anx dépens du débiteur, art. 1143 1144. Je puis vous forcer à détruire tel mur que vous avez construit au mépris de nos conventions, ou à votre refus, le faire détruire à vos propres frais.

Section 4.ᵉ *Des dommages et intérêts.*

Un débiteur mis en demeure de remplir son obligation est passible de dommages et intérèts, soit faute d'éxécution, soit faute de retard dans l'éxécutiou de son obligation; et ces dommages et intérèts sont en général calculés sur la perte que le créancier a éprouvée et sur le gain dont il a été privé, à moins qu'ils n'aient été fixés dans le contrat, auquel cas les juges ne peuvent augmenter ni diminuer la somme. Il n'est pas dû des dommages et intérêts, si le débiteur a manqué à son obligation par suite d'une force majeure, ou d'un cas fortuit, ou pour toute autre cause qui ne peut lui être attribuée.

Si l'objet de l'obligation est une somme d'argent, les dommages auxquels le débiteur peut être condamné pour cause de retard, ne peuvent dépasser le taux fixé par la loi, qu'elle perte qu'ait éprouvé le réancier (art. 1153). Et par une disposition formelle de l'article suivant, on ne peut pas éxiger les intérêts des intérêts échus, à moins qu'il ne s'agisse d'intérêts dûs au moins pour une année entiere.

Secion 5.ᵉ *De l'interpretation des conventions.*

La loi ayant accordé protection aux conventions des parties en posant des régles fixes pour les sanctionner, pousse sa sollicitude jusqu'à leur fournir les moyens de ne pas les enfreindre, sous le vain prétexte que leurs volontés non pas été éxprimées d'une maniere claire et précise: c'est l'objet de cette section qui veut qne dans les conventions dont les termes seraient susceptibles d'ambiguité ou d'obscurité, on recherche avec soin qu'elle a pu être la commune intention des parties, en ayant égard à la nature du contrat, aux usages généraux à défaut de précision, et en sacrifiant par fois le sens littéral des termes, pour donner à ces conventions le sens qui peut mieux leur convenir.

Section. 6. *De l'effet des conventions à l'égard des tiers.*

Les conventions étant des lois établies entre particuliers, ne peuvent avoir d'effet qu'entre les contractans, et ne sauraient en aucun cas nuire aux tiers: elles ne leur profitent que dans un cas prévu par l'art. 1121.

Cependant la loi devait veiller à ce qu'il ne fut pas libre aux débiteurs de tromper leur créanciers au moyen de conventions particulières , et elle a obvié aux abus graves qui seraient résultés de son silence, en permettant à ces derniers d'exercer tous les droits et actions de leurs débiteurs, (sauf toutefois ceux exclusivement attachés à la personne, tels qu'un droit d'usage et une demande en séparation des biens), et d'attaquer même les actes qui auraient pû être faits en fraude de leurs droits.

CODE DE PROCÉDURE.

Livre. **11**. Titre. **15**. — *De l'interrogatoire sur faits et articles.*

L'intérrogatoire sur faits et articles, autrefois appelé audition cathégorique, a pour objet de parvenir à la découverte de la vérité, par les aveux d'une partie sur des faits importans qui ne sont manifestés par aucun titre, ni susceptibles d'être connus par la preuve testimoniale. Ce mode d'interrogation qui prend son origine dans le droit romain, avait été maintenu par nos anciennes ordonnances, et ce n'est qu'après avoir éprouvé diverses modifications que notre code l'a admis et réglé comme suit.

Toutes parties ont le droit de se faire interroger en toutes matières et tout état de cause, mais seulement sur des faits pertinents et concernant l'objet de la contestation. Cette demande est accordée par jugement rendu à l'audience, sur requête contenant les faits sur lesquels la partie doit être interrogée.

Un commissaire est délégué par ce même jugement, pour procéder à l'interrogatoire, et c'est à lui à indiquer par ordonnance au bas de l'expédition du jugement, les jour et heure de l'interrogatoire.

Le jugement et l'ordonnance du juge commissaire doivent être notifiés vingt quatre heures au moins avant le jour fixé, à la personne qui doit être interrogée : cette notification ne peut être faite que par un huissier à ce commis dans l'ordonnance.

Au cas de non comparution ou de refus de répondre, les faits sont tenus pour avérés : toutefois si la partie assignée justifiait d'empêchement légitime au jour de l'interrogatoire , le juge pourrait fixer un autre jour, sans assignation nouvelle : comme aussi , s'il se présentait avant le jugement, il serait admis à purger le défaut, en demandant d'être entendu, et la seule peine que lui inflige l'art. 331 , est le paiement des frais du procès-verbal de non comparution et de la signification.

La partie interrogée ne peut s'aider d'aucun écrit, ni être assistée d'aucun conseil ; elle doit répondre en personne d'une manière précise, tant sur les faits contenus dans la requête, que sur les questions que le commissaire jugera à propos de lui adresser d'office. L'on comprend facilement le motif de cette disposition, sans laquelle le législateur n'aurait pas attient son but, qui est d'enlever aux parties le temps et les moyens de fournir des réponses adroitement combinées, pour en obtenir des aveux spontanés plus propres à faire connaître la vérité.

La partie qui a requis l'interrogatoire ne peut y assister ; sa présence, en effet , loin d'être de quelque utilité , ne pourrait que donner lieu à de pénibles discussions que la loi doit toujours chercher à éviter.

Dans les procès concernant les administrations détablissements publics , il doit être nommé un administrateur ou agent, pour répondre sur les faits et articles qui leur auront été communiqués. Le mandat spécial qui sera donné à cet agent, contiendra les réponses expliquées et affirmées par l'administration : toutefois il est encore libre au juge commissaires d'interroger les administrateurs et agens, sur des faits qui leur sont personnels et qui pourraient être de quelque importance pour éclairer la réligion des juges.

CODE DE COMMERCE.

Liv. I. Tit. 3, **Des sociétés.**

La societé est un contrat par lequel deux ou plusieurs personnes conviennent de mettre quelque chose en commun, dans la vue de partager le bénéfice qui peut en résulter.

La loi reconnait trois espèces de sociétés commerciales; 1° la la société en nom collectif, 2° la société en commandite, 3°. et la société anonyme.

La société en nom collectif est celle que contractent deux ou plusieurs personnes, et qui a pour objet de faire le commerce sous une raison sociale.

L'essence et le caractère distinctif de cette société, est la solidarité qui régne entre tous les associés pour tous les engagemens contractés par un ou plusieurs d'entr'eux, et signés sous la raison sociale, c'est-à-dire la dénomination sous laquelle il a été convenu que le commerce devait se faire.

La société en commandite, se contracte entre un ou plusieurs associés simples bailleurs de fonds ; elle est régie comme la précédente sous un nom social, mais elle en diffère en ce que la solidarité au lieu de s'étendre à tous les associés, ne comprend que ceux qui ont été déclarés responsables et chargés de gérer les affaires de la société; avec cette observation, que l'associé commenditaire qui n'a lui-même aucune responsabilité et qui n'est exposé, comme simple assocsié, à perdre que sa mise de fonds, devient responsable et solidaire comme les gérants eux-mêmes pour toutes les affaires de la société, s'il a fait un seul acte de gestion, ou s'il s'est immiscé dans l'administration à quelque titre que ce soit.

La société anonyme est celle que contractent plusieurs personnes et qui a pour but d'entreprendre et soutenir quelque

établissement utile au commerce: elle est qualifiée par l'objet de son entreprise: elle diffère de la société en commandite, en ce que les affaires de la société peuvent être gérées indifféremment par des étrangers ou des associés, qu'il n'y a aucune solidarité à raison des engagemens de la société entre ceux qui sont chargés de l'administration, et que les associés ne sont passibles que de la perte du montant de leur intérêt dans la société.

Les deux premieres sociétés doivent être contractées par des actes publics ou sons signatures privées; un extrait de ces actes doit à peine de nullité, être remis dans la quinzaine de sa date au greffe du tribunal de commerce ou la société est établie, pour être transcrit sur un registre et affiché pendant trois mois dans la salle des audiences; l'article 43 énumère ce que doit contenir cet extrait qui doit, au surplus, être inseré dans le délai de quinzaine dans les journaux désignés *ad hoc* par ledit tribunal.

Quant à la société anonyme, elle ne peut éxister qu'avec l'autorisation du roi et par acte public et authentique: l'autorisation et l'acte qui renferme les conditions de la société doivent être affichés en entier et pendant le mème délai de trois mois, dans la salle des audiences du tribunal de commerce.

Il faut remarquer, et cela résulte du texte formel de la loi, que ces mèmes formalités doivent être renouvellées à l'expiration du délai fixé dans le contrat, si on veut faire continuer la société, et lorsqu'il s'opére quelque changement aux dispositions premières, soit par l'entrée on le retrait d'un associé, soit pour tout autre motif.

Outre ces trois espèces de sociétés, la loi reconnait encore les associations commerciales en participation. Ces associations qui ne sont relatives qu'à quelques opérations de commerce momentanées et passagères, ne sont pas soumises aux formalités prescrites pour les autres sociétés, et peuvent être constatées tant par les livres que par la correspondance et la preuve testimoniale.

SECTION 2.ᵉ --- *Des Contestations entre Associés.*

Les contestations entre associés exigeant une prompte justice, le législateur a cru devoir les soumettre à une juridiction particulière; ce sont des arbitres qui doivent toujours connaître de ces sortes d'affaires et il ne dépend d'aucune partie de se soustraire à leurs jugements.

Les arbitres peuvent être nommés par acte sous signatures privées, par acte notarié, ou par un consentement donné en justice; le choix appartient aux parties, et si l'une ou plusieurs d'elles refusent de procéder à la nomination, le tribunal doit le faire d'office.

Le délai dans lequel le jugement doit être rendu est aussi fixé par les parties dans l'acte de nomination, et si elles ne sont pas d'accord, il est réglé par les juges.

Les arbitres peuvent en cas de partage, nommer un surarbitre, si toutefois il n'a pas été désigné dans le compromis; et s'ils ne peuvent s'accorder, ils doivent en référer au tribunal de commerce qui sur une simple requête le nommera.

Les jugements arbitraires sont rendus sans autres formalités que la remise des pièces; ils sont soumis à l'appel et au pouvoir en cassation, lorsque le contraire n'a pas été stipulé; mais si un mineur est intéressé dans la contestation comme ayant cause d'un associé, le tuteur ne peut renoncer à l'appel, et la cause doit être portée devant la cour royale.

Ces jugements sont déposés au greffe du tribunal de commerce, et deviennent exécutoires par ordonnance du président de ce même tribunal qui est tenu de la rendre dans les trois jours du dépôt.

Toutes ces dispositions sont communes aux veuves, héritiers et ayant cause des associés, pour toutes contestations relatives à la société dont leur auteur faisait partie.

Cet acte public sera soutenu le 3 Août 1838, dans une des salles de la Faculté.

Vu par le président de la Thèse.

MALPEL.

TOULOUSE, IMPRIMERIE ET LITHO. DE J-E. LAGARRIGUE, RUE DU TAUR N.° 46.